ESTRELLAS DE LA LITERATURA

LISTOS, ¡YA!

AUTORES

MARGARET A. GALLEGO
ROLANDO R. HINOJOSA-SMITH
CLARITA KOHEN
HILDA MEDRANO
JUAN S. SOLIS
ELEANOR W. THONIS

HARCOURT BRACE & COMPANY

Orlando   Atlanta   Austin   Boston   San Francisco   Chicago   Dallas   New York
Toronto   London

Acknowledgments

For permission to reprint copyrighted material, grateful acknowledgment is made to the following sources:
CELTA Amaquemecan: Tili y el muro by Leo Lionni. Original title *Tillie and the wall* published by Alfred A. Knopf, Inc. Copyright for text and illustrations © Leo Lionni. Spanish translation by CELTA Amaquemecan, Amecameca, México © 1991.
Ediciones SM: ¡Qué manzana más bonita! by Agustí Asensio. Copyright © by Mercè Company and Agustí Asensio, 1990. Published by Ediciones S.M., Madrid, Spain.
Laredo Publishing Co., Inc.: Caperucita Roja y la luna de papel adapted by Aída E. Marcuse, illustrated by Pablo Torrecilla. Illustrations copyright © 1993 by Laredo Publishing Company, Inc.; adapted text copyright © 1993 by Aída E. Marcuse. Published by Laredo Publishing Co., Inc. Torrance, California.
Laredo Publishing Co., Inc.: "Cuando estoy muy aburrido" by Alejandra Facchini from *Voces de mi tierra.* Copyright © 1993 by Laredo Publishing Co., Inc. Published by Laredo Publishing Co., Inc., Torrance, California.
Every effort has been made to locate the copyright holders for the selections in this work. The publisher would be pleased to receive information that would allow the correction of any omissions in future printings.

Photo Credits
Key: (t) = top, (b) = bottom, (c) = center, (bg) = background
       (l) = left, (r) = right
10-11, Michael Portzen/Laredo Publishing
44-45, HBJ Photo
62-63, Michael Portzen/Laredo Publishing.

Illustration Credits

Cover by Michael Coy; Armando Martínez, 4, 5; Mia Tavonatti, 6, 7, 60, 61; Stuart Rose, 8, 9; Ludmil Dimitrov, 40-43, 88, 89; Giselle Lamontagne, 46-57; Laurel Scherer, 58, 59; Catherine Yuh, 90-96.

Printed in the United States of America.

ISBN 0-15-304436-5

9 10 11 12   048   00 99 98 97

Querido amigo:

«Querer es poder», dice un dicho muy antiguo, y es lo que descubrirás en la primera parte. Encontrarás las aventuras de una ratoncita que logró triunfar por medio de su imaginación y sus esfuerzos. También leerás las aventuras de un gusanito muy pícaro.

Hay un cuento muy antiguo y muy querido por los niños de todo el mundo. Trata de una niña, una abuelita y un lobo. ¿Sabes cuál es? Aquí tienes una versión muy simpática ... y, ¡prepárate para una sorpresa!

Que te diviertas,

Los autores

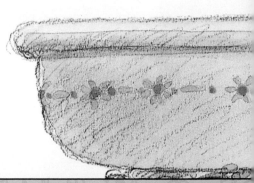

5

T E M A

CAMINO A LA AVENTURA

¿Te gusta
descubrir lugares nuevos?
En estas páginas conocerás a un
personaje que descubre un lugar
nuevo de una manera muy
ingeniosa. Y a ti, ¿qué te
gustaría descubrir?

Í N D I C E

Los pececitos

Los pececitos
que van por el agua
nadan, nadan,
nadan, nadan...
Los más pequeños
nadan también,
nadan, nadan,
nadan, nadan...

Los conejitos
que van por el campo
saltan, saltan,
saltan, saltan...
Los más pequeños
saltan también,
saltan, saltan,
saltan, saltan...

Tradicional

9

TILI y el MURO

Leo Lionni

El muro había estado allí desde que los ratones
tenían memoria.

Nunca le prestaron atención. No se preguntaban
qué podía haber del otro lado; ni siquiera se preguntaban
si existía algo que pudiera ser otro lado. Se dedicaban
a sus asuntos como si el muro no existiera.

A los ratones les encantaba conversar.

Platicaban constantemente sobre cualquier tema,
pero nadie mencionaba nunca el muro.
Sólo Tili, la ratoncita más joven, miraba siempre
la pared altísima preguntándose qué habría
del otro lado.

16

De noche, mientras los demás dormían, se quedaba despierta en su lecho de paja, imaginando que del otro lado del muro había un mundo bello y fantástico, habitado por extraños animales y plantas exóticas.

17

—Tenemos que ver qué hay detrás —les dijo Tili
a sus amigos—. Tratemos de escalar el muro.

Entonces comenzaron a intentarlo, pero el muro
parecía hacerse cada vez más alto.

Con un gran clavo oxidado, quisieron hacer
un agujero para poder ver a través del muro.

—Sólo es cuestión de paciencia— dijo Tili.
Pero después de trabajar toda la mañana renunciaron
exhaustos, sin haber hecho siquiera un rayoncito
en la dura piedra.

—El muro debe acabar en alguna parte—
planteó Tili convencida. Caminaron y caminaron
por muchas horas.
Pero el muro parecía no tener fin.

Un buen día, no lejos del muro, Tili vio que
una lombriz se metía en la tierra negra.
¿Cómo no había pensado antes en eso?
¿Por qué nadie había pensado en eso?

27

28

Muy excitada, Tili empezó a cavar.
Siguió cavando, y cavando . . .

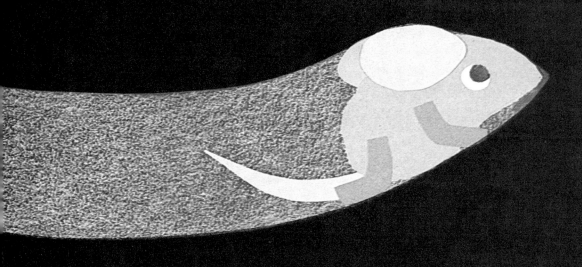

31

Hasta que, de improviso, casi cegada por el brillo
de la luz, ¡se encontró del otro lado del muro!
No podía creer lo que veía: se encontraba
frente a otros ratones, ratones comunes, igualitos a ella.

Los ratones le dieron a Tili una gran bienvenida. La llevaron a la piedra de las celebraciones. («¿Dónde había visto esto antes?» pensaba Tili.) Los ratones hicieron discursos en su honor y agitaron banderas.

35

Más tarde decidieron aventurarse por el túnel de Tili para ver por sí mismos lo que había del otro lado. Uno por uno siguieron a Tili.

Y cuando los ratones del lado de Tili vieron lo que había descubierto la ratoncita, también hicieron una fiesta. Todos se lanzaban confeti y gritaban:

—¡Ti-Li!, ¡Ti-Li!, ¡Ti-Li!— y alzaron en andas a la ratoncita.

Desde ese día, los ratones pasan libremente de un lado al otro del muro, y siempre recuerdan que fue Tili quien les enseñó el camino.

¿Qué te parece?

1. ¿Qué ayudó a Tili a llegar al otro lado?

2. ¿Qué harías tú para llegar al otro lado?

Escribe en tu diario

He sentido curiosidad por...

DEBAJO DE LA TIERRA

Algunos animales viven debajo de la tierra.
Allí hacen sus casas para dormir y cuidar
a sus hijitos.

Para poder escarbar la tierra usan sus patitas
y sus dientes que son especiales. Por eso
se llaman roedores.

Casi todos comen plantas, raíces, frutas,
semillas y nueces. Llevan el alimento en unas
bolsitas dentro de las mejillas. Las ardillas y los
ratones también comen huevos, insectos y
otros animales pequeños.

Las marmotas comen mucho durante el verano
y duermen en una cueva durante el invierno.
Cavan túneles muy largos.

La manzana

Manzana, quién te comiera,
acabada de cortar,
con tus colores por fuera
y un aroma sin igual.

—Dámela a probar siquiera,
no se me vaya a antojar
y del antojo me muera
en medio del manzanar.

Copla popular

LOS DUROS DEL BARCO DE VAPOR

Agustí Asensio/Mercè Company

¡Qué manzana más bonita!

45

—¡Hola! Es bonita mi manzana, ¿verdad?

—Pero, ¡qué mal educado!
No me ha pedido permiso.
¡Eh! La manzana es mía.

—¡Cómo se mueve este camión!

—¡Anda! Esa señora me señala.
¿Qué querrá de mí?

—¿Me llevarán a un concurso
de manzanas?

—¡Uy, esto no me gusta nada!

—Ahora empiezo a entenderlo.

—Antes de que se la coman ellos,
lo hago yo.

—Mmm... ¡Qué manzana más buena!

—¡Je... je... je...!
Me vuelvo a mi árbol
a buscar una nueva manzana.
¡Adiós!

TEMA

SORPRESAS

Cuando lees un cuento, ¿te imaginas el final? ¿Qué sorpresa tendrá este cuento de Caperucita Roja? Léelo y verás.

ÍNDICE

Cuando estoy muy aburrido

Cuando estoy muy aburrido
y quiero compañía,
abro mi cajita
que está llena de alegría.

Y si quisiera jugar
o hacer una travesura
busco en mi cajita
toda clase de aventuras.

Alejandra Facchini

Caperucita Roja
y la luna de papel

Adaptación de Aida E. Marcuse • Ilustraciones de Pablo Torrecilla

Personajes:

Mamá
como la mamá de todos

Caperucita
pícara y alegre

Oso
marrón y bonachón

Lobo
flaco y gruñón

Abuelita
golosa y chaparrita

Escenario:
Un bosque. La casa de Caperucita y la de la abuelita.

Acto primero

Caperucita:
(canturrea)

Juguemos en el bosque
mientras el lobo no está...

Mamá:
(abre la puerta y llama)

¡Caperucita, a casa!
¡Es hora de merendar!

¡Qué sucia estás!
¡Primero, vete a bañar!

Mamá: Está enferma tu abuelita.
Llévale estas margaritas,
un buen pastel de manzanas
y un puñado de avellanas.

Caperucita: ¡Qué calor hace! No aguanto mi
capa de lana.

Caperucita: Oigo pasos.
¡Oh! ¿Qué hace el oso despierto a mediodía?

Oso: Caperucita, ¡qué alegría!
¿Qué haces en el bosque tan de mañana?

Caperucita: Voy a visitar a mi abuelita enferma.

Oso: ¡Oh! ¡Ten mucho cuidado!
¡El lobo por aquí ha pasado!

Caperucita: ¡Gracias! ¿Quieres un poco de miel?

Oso: ¡Mmmm, qué rica..! Ten mi luna de papel. Cuélgala del cielo si me necesitas.

Caperucita: Muchas gracias, Oso. Sé que esta luna
es tu favorita.

Caperucita: Juguemos en el bosque,
ahora que el lobo no está...

Lobo: ¡Grrau! ¡Grrrooo! ¡Aquí estoy!

Caperucita: Eso es lo que tú crees, pero espera:
primero te juego una carrera.

Lobo: ¿Una carrera? Bueno, me abrirás el apetito,
y no me importa esperar por tal bocadito...

(El lobo corre detrás de Caperucita,
 pero no la atrapa.)

Caperucita: No me asustas con tus tretas
ni aunque des tres vueltas completas.

Lobo: Tu abuelita... ¿ya no corre tanto?

Caperucita: No, está en cama y tose de vez en cuando.
Le llevo flores y un pastel, y esta luna de papel.

Lobo: No puedo dejarte ir solita.
Te acompañaré, Caperucita.

(y agrega para sí)

Ñam, ñam... a esta niña tan rica la sigo yo.

Caperucita: Juguemos en el bosque hasta que la noche crezca. ¡Bosque, haz que la luna aparezca!

(Aparece la luna de papel y se coloca en medio del cielo.)

(Llega el oso y ve la luna de papel.)

Oso: ¡Mi luna! ¡Caperucita está en apuros!
¡El lobo la atrapará, estoy seguro!

Fin del primer acto

Acto segundo

Caperucita: ¡Abuelita, abuelita!
¡Venimos a hacerte una visita!

(Abre la puerta, que está sin llave, y entran.)

Lobo: Me muero de hambre, y están desprevenidas...
(dice para sí)   ¿Por dónde empezaré mi comida?
¿Mi primer plato será la abuelita?

Caperucita: Mamá te envía estos regalos
y sus buenos deseos...

Abuelita: Ahora que miro, niña, veo
que viniste con alguien bastante feo...
pero si ese lobo vino contigo
¡por supuesto, será mi amigo!

Lobo: (agarrándose la panza con las dos manos)
¡Ay, cuánta hambre tengo... tanta, tanta...
si supieran cómo la panza me canta...!

Abuelita: Tengo hambre. Comí hace una hora y un ratito.

Caperucita: ¿Quieres un poco de jamón?

(La abuelita come todo lo que está a la vista, rápidamente.)

Abuelita: Caperucita, aún tengo hambre.
En el refrigerador hay un rico matambre...

(El lobo llega allí antes que ella y se
mete todo en la boca.)

Abuelita: ¡Ah! ¡Uh! ¡Oh! ¡Bribón!
¡Qué grosero! ¡Se comió hasta el lechón!

(El oso entra y agarra una escoba.)

Oso: ¡Toma, toma, toma, grandulón!

Lobo: ¡Ah! ¡Uy! ¡Ay!

Caperucita: Gracias, Oso, por tu ayuda.

Oso: Guarda mi luna, y llámame sin ninguna duda.

Caperucita: Juguemos en el bosque
ahora que Oso no está.
Lobo, ¿qué haces solo en el bosque?
¡Vuelve, vamos a jugar!

Lobo: ¡Grrrr... no vuelvo y no volveré
por muchas buenas razones!
Escondido aquí estaré,
¡curándome los moretones!

Fin

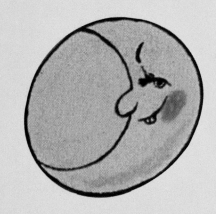

¿QUÉ TE PARECE?

1. ¿Debemos confiar en alguien que no conocemos? ¿Por qué?

2. ¿Se ayudaron Caperucita y Oso? ¿Cómo?

Escribe en tu diario

Escribe cómo ayudarías a un amigo.

El menú de la abuelita

88

La abuelita tiene hambre.
¿La podemos ayudar?
Antes de poner la mesa
el menú hay que mirar.

Menú del día

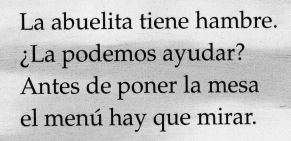

Frutas
Carnes
Dulces
Huevos
Pan
Pescado
Leche
Agua

GLOSARIO

abrirás	¿Cuándo **abrirás** las ventanas de tu cuarto?
aburrido	Es muy **aburrido** ver televisión todo el día.
acabada	La tarea ya está **acabada**.
agitaron	Las personas **agitaron** banderas para saludar al héroe.
agujero	La tortuga vive en un **agujero** en la tierra.
alegría	La visita de mi mejor amigo me trae mucha **alegría**.
alrededor	Vamos a dar una vuelta **alrededor** del parque.
altísima	Esa montaña es **altísima**.
alzaron	Los niños **alzaron** las manos para llamar la atención.
aparezca	Vamos a esperar que **aparezca** la primera estrella.
apetito	No deseo comer. No tengo **apetito**.
aroma	El **aroma** de la comida me da ganas de comer.

aburrido

alzaron

90

asuntos	Vamos a hablar de muchos **asuntos** importantes.
atrapa	El gato **atrapa** los ratones con mucha rapidez.
aunque	**Aunque** no lo veo, oigo sus pasos.
avellanas	Las nueces que más me gustan son las **avellanas**.
aventurarse	Para triunfar hay que **aventurarse**.

bocadito

bastante	Tenemos **bastante** actividad en la escuela.
bocadito	Un **bocadito** es un poquito de comer.
bonachón	Un hombre **bonachón** es un hombre bueno.
bosque	Nos perdimos entre los árboles del **bosque**.
bribón	**Bribón** es lo mismo que travieso.

capa	Cuando hace frío me pongo una **capa**.
cavando	Estamos **cavando** un pozo para sacar agua.
cegada	No puedo ver. Estoy **cegada** por la luz del sol.
compañía	Me gusta estar en **compañía** de mis amigos.
completas	Terminamos la tarea.
	Las páginas quedaron **completas**.
concurso	Voy a ganar el **concurso** porque soy el mejor.
constantemente	Un niño estudioso estudia **constantemente**.

cavando

crezca   Le pongo agua a la planta para que **crezca**.

cuidado   Siempre cruzamos la calle con mucho **cuidado**.

dedicaban   Mis abuelos se **dedicaban** a los negocios.

dejarte   Tus amigos no deben **dejarte** jugar solo.

descuelga   Antes de hablar, **descuelga** el teléfono.

descuelga

deseos   Tengo **deseos** de comer una comida deliciosa.

despierto   Me levanto después de que me **despierto**.

desprevenidas Como no nos llamó primero, su visita nos tomó
desprevenidas.

discursos   El presidente da muchos **discursos**.

duda   Cuando tienes una **duda** es porque no estás seguro.

educado   Un niño **educado** tiene buenos modales.

enferma   No se siente bien porque está **enferma** con un catarro.

envía   Mi amigo me **envía** cartas y regalos.

érase   **Érase** es lo mismo que "Había una vez..."

escalar

escalar   El grupo va a **escalar** la montaña.

escarbar   Vamos a **escarbar** en la arena para encontrar el tesoro.

escondido Mi zapato estaba **escondido** debajo de la cama.

exhaustos Después de correr y saltar los niños están **exhaustos**.

exóticas Las cosas desconocidas o de países lejanos son **exóticas.**

grandulón Un oso es un animal **grandulón**.

habitados Los bosques están **habitados** por muchos animales.

habitados

improviso Cuando no planeas cómo hacer algo, lo haces de **improviso.**

intentar Esto es muy difícil, pero vamos a **intentar** hacerlo.

lecho El **lecho** es lo mismo que la cama.

lechón Mi abuelo tiene un **lechón** en su granja.

lecho

93

manzanar   Me gusta cortar las manzanas frescas en el **manzanar**.

margaritas   Las **margaritas** son unas flores muy bonitas.

marmotas   Las **marmotas** son animales que viven en cuevas.

marrón   **Marrón** es otro nombre para el color café.

matambre   El **matambre** es un plato argentino.

mediodía   Comemos el almuerzo a **mediodía**.

mejillas   El bebé tiene las **mejillas** rosadas.

memoria   Si recuerdas muchas cosas es porque tienes
                buena **memoria**.

manzanar

mencionaba   Mi abuelo siempre **mencionaba** su trabajo.

merendar   Vamos a **merendar** porque tenemos hambre.

miel   Me gusta comer pan con **miel.**

oxidado   El metal de la bicicleta está **oxidado**.

paciencia   La maestra necesita mucha **paciencia** para
                enseñar a los niños.

paja   Mi papá usa un sombrero de **paja** en el verano.

paja

94

panza   Después de comer, el elefante tiene una **panza** muy grande.

pastel   De postre nos sirvieron un **pastel** de manzana.

permiso   Para ir de vacaciones necesito **permiso** de mis padres.

puñado   En la mano el niño llevaba un **puñado** de caramelos.

roedores

rayoncito   Este coche está tan nuevo que no tiene ni un **rayoncito**.

razones   Es bueno ir a la escuela por muchas **razones**.

renunciaron Algunas personas **renunciaron** a su trabajo.

roedores   La ardilla y el ratón son animales **roedores**.

seguro   Si estás **seguro** quiere decir que no dudas.

señala   La maestra **señala** las palabras correctas.

señala

siquiera   ¿Cómo va a correr el bebito si ni **siquiera** puede caminar?

tanto	Para hacer la tarea no se necesita **tanto** tiempo.
tose	El niño **tose** cuando está resfriado.
tretas	**Tretas** es lo mismo que trucos.
túneles	El tren pasa por muchos **túneles**.

viniste	El día que **viniste** a mi casa yo no estaba.
visitar	La nieta fue a **visitar** a su abuela.